LE STYLE LOUIS XVI

La reine Marie-Antoinette, *par Madame Vigée-Lebrun.*
Musée national du château de Versailles. Photo Giraudon.

LE STYLE LOUIS XVI

par
Jean-François Boisset

Flammarion

© Flammarion, Paris, 1982.
© SPADEM, Paris, 1982, pour les photos Archives Photographiques.

ISBN 2-08-010349-0
Printed in France

INTRODUCTION

Le goût de la ligne droite, le rejet des formes rocaille : à eux seuls, ces traits bien connus ne suffiraient pas à rendre compte du style Louis XVI. C'est que ce chapitre de notre art s'identifie à une tradition locale déjà en plein renouvellement — le dernier style Louis XV dit « de transition » — mais aussi au foyer international que constitue alors, à travers la redécouverte de l'Antiquité, « le néo-classicisme européen ».

La naissance du néo-classicisme

Bien avant la mort de Louis XV (1774), l'image de l'Antiquité s'était en effet trouvée renouvelée par l'exhumation des ruines d'Herculanum (1738 puis surtout de 1745 à 1765) et de Pompéi (1748) et les publications d'archéologues comme Caylus, de graveurs comme le Vénitien Piranèse, de théoriciens comme Winckelman.

Loin de se fixer avec le temps, ce vaste mouvement d'intérêt devait engendrer en Europe, au fur et à mesure des découvertes, autant de passions que de théories esthétiques. Outre l'approfondissement des connaissances relatives à l'architecture romaine, les années 1750-1770 voient coup sur coup la révélation du dorique grec de Paestum, de l'ionique de l'Érechthéion, sans oublier le corinthien gracieux de Baalbek et de Palmyre. En un mot, tel un réservoir inépuisable, l'Antiquité ne cesse d'étendre son domaine, jusqu'à l'Égypte et même aux rives de l'Asie Mineure.

Mais, en même temps, ce n'est pas une mais dix, vingt Antiquités qui surgissent sur les gravures idéalisées de Piranèse ou de Barbault, les relevés fonctionnels de l'architecte Peyre, les ruines pittoresques des décorateurs Louis Clérisseau ou Hubert Robert, et les motifs « à la grecque » ou les volumes dépouillés d'ornemanistes comme Delafosse ou De Neufforge.

A cet énorme répertoire s'ajoute l'exemple de la Renaissance considérée à travers ses grands interprètes de l'Antiquité : en peinture Raphaël, en architecture Vignole, et surtout Palladio. Depuis le début du XVIIe siècle, ce dernier a connu un succès ininterrompu outre-Manche. Mais, plus que jamais, on va retenir ses qualités d'adaptation des éléments antiques aux besoins modernes, sans oublier ses ordonnances monumentales et surtout l'heureuse franchise de ses volumes. L'anglomanie, en cette fin du XVIIIe siècle, va permettre à la France d'assimiler tout ce que les architectes insulaires, tels Campbell, Paine, Ware ou Kent, sur les traces d'Inigo Jones, avaient su tirer des formules palladiennes. A partir des dernières années du siècle, ce courant se montrera également sensible dans le décor et le mobilier, à travers l'influence du style ornemental des frères Adam.

La première réaction en France sous Louis XV

A ce vaste mouvement d'idées n'a pas tardé à répondre dans les faits un large bouleversement stylistique, qu'on baptise d'ordinaire style Louis XV « transition ». Depuis les années 1750, en effet, des critiques et théoriciens comme Cochin, Caylus ou l'abbé Le Blanc ont déjà levé les armes contre les excès du style rocaille, ses sinuosités et ses chantournements gratuits. En architecture comme en décoration, cette première réaction a pris aussitôt deux directions. D'abord, un retour à l'académisme et au grand style Louis XIV que le Premier architecte, Gabriel, oriente peu à peu vers la rigueur et la simplicité des lignes (Petit Trianon). Ensuite, une rupture avec le style versaillais de Gabriel dans les années 1770 : ce second mouvement est le fait de la jeune génération dominée par les architectes Soufflot, Chalgrin, Trouard, Ledoux, Antoine, Gondoin, Peyre et de Wailly. Sous l'influence du dorique grec et de Palladio, ces derniers tournent alors définitivement le dos à la tradition des ordres superposés et au respect de la hiérarchie des différentes parties de l'édifice, hérités de Mansart (pavillon de Louveciennes; Paris, École de Chirurgie).

Simultanément, le décor intérieur connaît à la fois une résurgence du style louis-quatorzien à la Le Pautre (Paris, École militaire, salon des Maréchaux) et à l'inverse une simplification et un raidissement croissant (Petit Trianon). A ces mouvements contradictoires se superpose, surtout dans le mobilier, la mode du répertoire « à la grecque », lancé dans les années 1755 par des ornemanistes comme Delafosse, de Neufforge ou le Lorrain (bureau et cartonnier de La Live de Jully, Chantilly, musée Condé), mais qui trouve son prolongement en peinture, vers 1760, avec les premiers tableaux antiquisants de Vien.

Rationalisme et préromantisme

C'est dans ce vaste contexte, dont le champ d'application devait s'élargir aux États-Unis, à la Russie et au sud jusqu'au cap de Bonne-Espérance, que la France va une fois de plus renouveler sa conception de la leçon antique.

Mais, dans l'esprit des théoriciens, la logique doit l'emporter à présent sur l'éclectisme des emprunts. A mesure, en effet, que l'archéologie gagne en précision, l'Antiquité va servir de gage au développement d'une pensée rationaliste. Dès les années 1750, dans son *Essai sur l'architecture*, le père Laugier a fondé le principe de la beauté sur la raison et les convenances. En d'autres termes, cela revient à poser comme axiome l'emploi rationnel et non « détourné » des éléments ou encore la soumission logique des formes à la destination de l'édifice.

Quelque vingt ans avant la mort de Louis XV, des thèses semblables ont préparé la vogue des idées de naturel et de simplicité qui s'emparera des milieux artistiques sous Louis XVI. Ainsi s'expliquera le succès des formes antiques puis celui des volumes élémentaires, considérés les uns et les autres comme les plus proches de la nature et de la simplicité primitive. En même temps, ce « primitivisme » va paraître, aux yeux d'un Diderot puis d'un cercle de plus en plus vaste, le gage d'une santé morale, synonyme de simplicité des mœurs et de grandeur d'âme. Comme si à l'ondoiement, réputé « féminin » et superficiel, de la rocaille devait s'opposer un art régénérateur empreint de raideur mâle et de puissance austère : bref, un art de sublimation. Aussi est-ce tout naturellement que les recherches d'un David ou d'un Ledoux à la fin du siècle incarneront ce climat héroïque et cette exaltation de la vertu qui fleurissaient aux premiers temps de la République romaine ou dans les vies illustres de Plutarque.

Sous l'influence de Rousseau et des philosophes sensualistes, ce « retour aux sources » est servi également par les premiers germes du préromantisme. Déjà les bienfaits de la sensibilité et de la passion se montrent supérieurs à l'intelligence parce que traduction directe et non déformée encore d'une Nature nécessairement bonne et généreuse.

Caractères généraux

Ainsi la traduction française du néo-classicisme a-t-elle commencé par s'incarner, sous Louis XV, dans un double engouement à l'égard de l'Antiquité et du siècle de Louis XIV. Les différentes formes qu'a revêtues cette première réaction, loin de disparaître avec le temps, vont garder tout leur prestige au début du nouveau règne. Le style Louis XVI va les reprendre dans leur variété pour les façonner à sa propre image. Image harmonieuse certes mais image d'une intense diversité : c'est que la multiplicité des sources antiques va de pair avec une richesse et une liberté d'interprétation confondantes. D'abord parce que jamais, jusqu'à la fin du siècle, on n'acceptera de disjoindre idéal artistique et exigence de la vie domestique. Aussi, l'art sous Louis XVI se distinguera, avec un sens exact des rapports et de l'échelle humaine, par une double recherche du monumental et de la commodité, de la grandeur et du détail, du caractère et de l'élégance. Ensuite parce que la haute culture des milieux artistiques, vivifiée par l'étude constante de l'Antiquité et une curiosité non moins vive à l'égard des recettes étrangères, ne mettra aucune borne aux spéculations formelles, n'aura de cesse qu'elle ne multiplie les expériences architecturales et décoratives et qu'elle ne découvre de nouveaux domaines de la sensibilité.

Ce faisant, l'époque Louis XVI saura, à travers l'avènement du « goût pompéien » puis du « goût étrusque » et le passage d'un néo-classicisme tempéré à un néo-classicisme austère, jeter avant 1789 les bases du style Directoire et du style Empire. Mais surtout, dans une heureuse confusion, que n'entamera encore aucun dogmatisme rigide, aucun académisme glacé, il aura fait la preuve d'une extraordinaire vitalité.

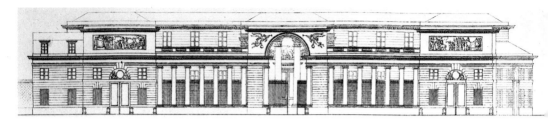

Paris, hôtel de Salm.
Portail et colonnade
sur rue.
Gravure de Ransonnette.
Paris, Bibliothèque
nationale, Estampes.
Photo B.N.

Paris, pavillon
de l'hôtel d'Argenson.
Exemple de « maison-
temple » sur rue.
Paris, Bibliothèque
nationale, Estampes.
Photo B.N.

Paris, hôtel de Salm.
Façade postérieure.
Photo Hirmer.

L'ARCHITECTURE DOMESTIQUE

Marquée par la recherche du monumental et du bien-être, l'architecture domestique connaît sous Louis XVI un renouvellement d'une variété remarquable.

Dans l'ensemble, on rencontre deux types d'hôtel. **Les plans** D'abord le plan traditionnel entre cour et jardin, clos ou non sur lui-même par ses ailes latérales (Paris, hôtel de Bourbon-Condé par Brongniart). Mais là où elles subsistent, les cours d'honneur reçoivent parfois un développement monumental lorsque l'emploi de colonnades à jour les ouvre sur la rue (Paris, hôtel de Salm par Rousseau). Une formule inédite enfin où l'hôtel, au lieu de se refermer entre ses quatre murs, s'ouvre sur son cadre naturel : verdures ou voie publique (Paris, hôtel Masserano par Brongniart; hôtel de Montholon par Soufflot le Romain). Héritier à la fois du pavillon à la française et des villas palladiennes, ce dernier type, apparu dans les années 1770 (pavillon de Louveciennes), va connaître une grande vogue sous Louis XVI. Avec lui, le XVIIIe siècle va passer des édifices mitoyens aux édifices isolés sur leurs quatre faces.

Les volumes   L'isolement du corps de logis peut s'obtenir grâce à l'insertion des services au sous-sol dans le soubassement qui, exhaussé, prend dès lors la physionomie d'un podium à l'antique. La réduction des ailes à un simple rez-de-chaussée, souvent dissimulé par des treillages, peut accroître aussi l'impression d'unité du bâtiment (Paris, hôtel de Brunoy par Boullée, détruit). Mais la structure isolée de l'hôtel passe surtout par l'affirmation et la combinaison, dans sa masse et dans son plan, de volumes simples et élémentaires : le cube, la demi-sphère ou le cylindre. Le succès des formes rondes détermine des saillies nombreuses : massifs de maçonnerie couverts (Paris, hôtel de Salm) ou non (Paris, hôtel de Bourbon-Condé) ou en rotonde, colonnades semi-circulaires Paris, hôtel de Monaco par Brongniart) ou en hémicycles opposés (Paris, hôtel de Beaumarchais par Lemoine, détruit), maisons d'angle (Paris, hôtel Deshayes par Aubert). L'emploi fréquent des dômes (de préférence semi-sphériques) tient au triomphe des plans compacts qui, à l'inverse des enfilades anciennes, massent toutes sortes de pièces ovales, rondes, octogonales ou trapézoïdales autour de l'espace central, salon ou escalier, lequel réclame dès lors un éclairage zénithal.

L'élévation   Le goût des formes monumentales entraîne une rupture profonde par rapport à la hiérarchie traditionnelle des bâtiments. Ainsi l'abandon du principe de l'avant-corps central et de son fronton donne-t-il jour à des combinaisons multiples. Depuis les années 1770, l'influence de Palladio a mis à l'honneur la maison-temple de Vénétie et son volume cubique agrémenté d'un péristyle (pavillon de Beaudoin à Ménilmontant par Moreau-Deproux). Cette source d'inspiration va faire le succès des petites maisons et des pavillons pourvus d'une ordonnance monumentale. L'ordre colossal paraît à tous un gage d'unité et de grandeur mais son emploi offre plus d'une variation selon qu'on le trouve réparti uniformément en travées de pilastre et d'arcade sur toute la surface (Paris, galeries du Palais-Royal par Louis) ou en péristyle plaqué (Paris, hôtel de Montholon) ou détaché (Paris, hôtel de Salm) au centre de la façade.

Outre les ordres, l'unification de la façade passe aussi par l'abaissement des toitures, dissimulées par

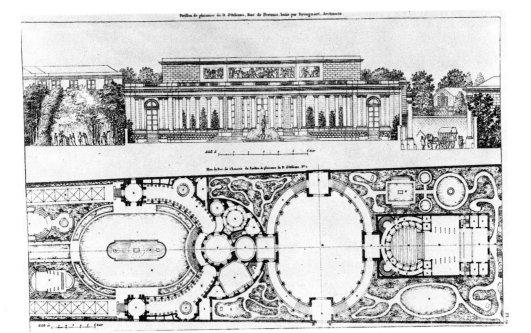

Paris, pavillon de plaisance du duc d'Orléans. Exemple
de plan à plusieurs axes et de colonnade en hémicycle opposé.
Gravure de Ransonnette. Paris, Bibliothèque nationale,
Estampes. Photo B.N.

Paris, hôtel Thélusson. Exemple de pièces à éclairage zénithal.
Gravure de Prieur. Paris, musée Carnavalet. Photo Flammarion.

Paris,
galeries du Palais-Royal.
Photo Hirmer.

Paris, hôtel de Salm.
Façade sur cour.
Gravure de Ransonnette.
Paris, Bibliothèque
nationale, Estampes.
Photo B.N.

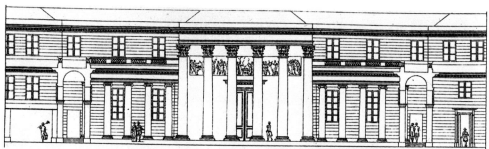

Versailles,
pavillon de la comtesse
de Provence.
Exemple de baie
palladienne.
Gravure de Boulay.
Paris,
Bibliothèque nationale,
Estampes. Photo B.N.

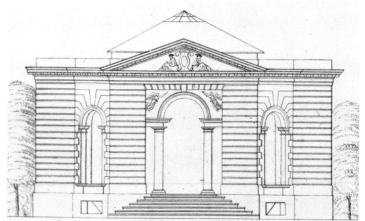

14

Paris, hôtel Gouthière.
Façade sur cour.
Photo Flammarion.

des balustrades ou un simple attique terminé en murette, et par un large emploi des tableaux et des refends. Dans leurs réseaux uniformes, ces derniers déterminent jusqu'au traitement des fenêtres, lesquelles perdent leurs moulurations. Fenêtres rectangulaires surmontées de médaillons ou de reliefs inscrits dans des tables renfoncées, fenêtres à entablement droit, garnies ou non de frontons triangulaires (Paris, hôtel de Choiseul-Praslin), fenêtres ou portes en plein cintre, simples, montées sur colonnettes ou associées à la triple baie palladienne (Versailles, pavillon de la comtesse de Provence par Chalgrin), creusées en culs-de-four ou interrompues en dessous de l'arc par un entablement qui court en bandeau sur toute la façade (Paris, Palais-Royal, rue de Valois par Louis) : on rencontre toutes les formules hormis le type bombé de l'époque précédente.

Excepté dans les immeubles où ils s'intègrent de plus en plus à l'ensemble sous le jeu des refends, les portails conservent encore une allure monumentale, même si leur fronton perd peu à peu son entablement inférieur. Puis c'est le fronton lui-même qui disparaît à mesure que l'influence de l'Antiquité les métamorphose en arc triomphal, composé de piles de maçon-

15

nerie et garni de trophées sur les piédroits et les entablements (Metz, palais du gouverneur par Clérisseau, aujourd'hui palais de Justice) ou de bas-reliefs en longueur inscrits sur leur attique. Ces mêmes bas-reliefs se retrouvent dans des tables renfoncées sur les attiques des façades (Paris, hôtel Gouthière par Métivier), derrière les péristyles (Paris, hôtel de Salm) ou encore sur les saillies semi-circulaires.

Les genres   D'une manière générale, la distribution du décor et des ordres répond à des manières distinctes et par là, selon les architectes, à des conceptions différentes de l'Antiquité et de son adaptation aux besoins du moment.

Un néo-classicisme tempéré survit d'abord à travers l'interprétation du style royal de Perrault et surtout de Gabriel. Un Richard Mique (1728-1794), architecte de la reine, un Victor Louis (1735-1807) demeurent ainsi fidèles à une Antiquité ornée, aux riches garnitures et aux ordres chargés de la Renaissance et du Baroque plutôt qu'à l'austérité du dorique grec (Trianon, temple de l'Amour et Belvédère par Mique; Paris, galeries marchandes du Palais-Royal par Louis).

Un formalisme aimable, de tendance palladienne, réunit ensuite toutes les variations géométriques sur le thème de la maison isolée et du plan compact. Au service d'un tel programme, les spécialistes du genre, Alexandre-Théodore Brongniart (1739-1813), François-Joseph Bélanger (1744-1818) et parfois Jean-François-Thérèse Chalgrin (1739-1811) expérimentent avec souplesse, sur des volumes simples et élégants, baies palladiennes, arcades à colonnettes Renaissance, bossages, niches, plans à plusieurs axes et éclairage zénithal (pavillon de Bagatelle et Folie Saint-James par Bélanger). Peu enclins, comme leur clientèle, à la mâle sévérité de l'antique, sauf exception, ces hommes resteront sensibles à l'ionique aimable, au corinthien nourri, accordés aux raffinements stéréotomiques de leurs œuvres. Avec eux, dans un cadre réduit (folies, pavillons, petites maisons) mais aux aménagements de plus en plus habiles, l'époque Louis XVI portera à un niveau de perfection l'art et les commodités de la vie domestique (Versailles, pavillon de la comtesse de Provence par Chalgrin).

Versailles,
Petit Trianon,
temple de l'Amour.
Photo Giraudon.

Un néo-classicisme austère, fruit du rationalisme naissant et de l'exemple des bâtiments utilitaires de la Rome antique (les thermes et les bains en particulier, publiés par Peyre), opte de son côté pour la nudité des surfaces, l'économie du décor et une franche opposition des pleins et des vides, de l'ombre et de la lumière. Dès lors, on assiste au développement parallèle d'une architecture sobre et massive chez un Marie-Joseph Peyre (Paris, hôtel de Nivernais), un Nicolas-Claude Girardin (Paris, Folie hospice Beaujon) ou un Paul-Guillaume Lemoine dit « le Romain » (Paris, hôtel de Beaumarchais, détruit).

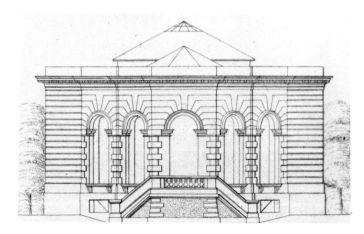

Versailles,
pavillon de la comtesse
de Provence.
Exemple de bossages.
Gravure de Boulay.
Paris, Bibliothèque
nationale, Estampes.
Photo B.N.

Bois de Boulogne,
pavillon de Bagatelle.
Façades sur cour
et sur jardin.
Dessins de Bélanger.
Paris, musée Carnavalet.
Photos Flammarion.

Ci-dessous :
Paris, Folie Beaujon.
Gravure de Ransonnette.
Paris, Bibliothèque
nationale, Estampes.
Photo B.N.

En bas : Paris,
bureau d'octroi
de la Barrière des
Carrières (détruit).
Gravure de Delettre.
Paris, Bibliothèque
nationale, Estampes.
Photo B.N.

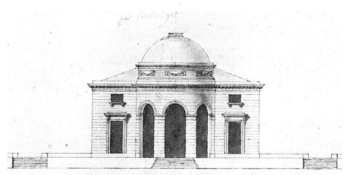

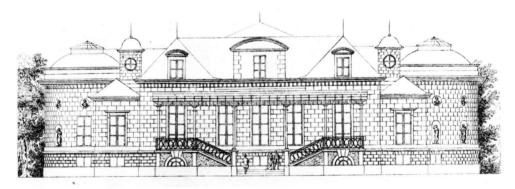

Paris,
bureau d'octroi
de la Barrière de l'Étoile
(détruit).
Photo Arch. Phot.

Une tendance mégalomane et préromantique enfin radicalise ces recherches. Ainsi l'exemple des appareils rustiques de la Renaissance, joint à celui du dorique trapu de Paestum, donne jour à des combinaisons de plus en plus libres et « expressives » dans les dernières œuvres de Claude-Nicolas Ledoux (1736-1806). Aux prises avec les célèbres bureaux d'octroi, dont l'administration de la Ferme entend ceinturer la capitale, l'architecte joue à volonté des volumes rudimentaires et réduit considérablement l'écart de ses sup-

Paris,
bureau d'octroi
de la Barrière de Reuilly
(détruit).
Photo Commission
du Vieux Paris.

19

Arc-et-Senans,
entrée des salines
de chaux.
Photo Verroust.

ports, colonnes ou piliers de formes pyramidales, pour offrir plus de prise à la lumière (bureaux de la Villette, de la place Denfert-Rochereau, du parc Monceau). Dès lors, effets de masse et vocabulaire rustique aboutissent à une architecture cyclopéenne (Arc-et-Senans, portail des salines de chaux), dont le développement et la formulation symbolique ne pourront se poursuivre que sur le papier.

C'est que, à l'instar d'autres utopistes de l'époque, tels Étienne-Louis Boullée (1728-1799) ou Jean-Jacques Le Queu (né en 1757), Ledoux pense que, dans la cité idéale, chaque bâtiment doit suggérer plastiquement son affectation et sa signification morale. Ainsi s'explique, outre l'axiome sempiternel du retour à la simplicité primitive, cette dimension « expressive » attachée aux premières œuvres préromantiques de la fin du siècle, dont l'architecture publique du temps devait conserver quelques échos.

Projet de cirque
par Boullée.
Paris, Bibliothèque
nationale, Estampes.
Photo B.N.

LES JARDINS

L'ouverture de l'hôtel sur son cadre naturel entraîne un renouvellement essentiel de la conception des jardins. Cette évolution doit beaucoup à l'influence des thèses rousseauistes mais aussi à celle de la Chine et de spécialistes anglais comme Chambers ou Kent. Dès les années 1760, la France a commencé à rompre en partie avec la formule des jardins réguliers (fabriques de Ménars par Soufflot et de Wailly). Puis, l'anglomanie aidant, les expériences scénographiques d'architectes comme Bélanger ou Pâris et de décorateurs comme Le Masson ou Hubert Robert (jardins de Méréville, détruits, fragments à Jeurre) aboutissent à la fusion dans le jardin de toutes les disciplines, peinture, théâtre et architecture. Au lieu de se plier à un schéma rigide et rectiligne, le jardin s'attache dès lors à restituer le sentiment de la nature, ses caprices, ses plans asymétriques, ses aspects « terribles » ou « riants ». Terre « d'illusions » et de symboles, il aura également pour mission d'incarner tout ce qui évoque de près ou de loin le bienheureux « état primitif ». Aux fabriques de simuler alors cet univers pastoral et rustique (hameau de Marie-Antoinette à Trianon par Mique; laiterie du château de Rambouillet par Thévenin) mais aussi les civilisations anciennes consi-

*Rambouillet,
laiterie de la reine
avec au fond
la Nymphe Amalthée
de Julien.
Photo Giraudon.*

dérées comme les plus proches dans le temps du « paradis perdu ». Ainsi multiplie-t-on les allusions à l'Égypte (pyramide de Mauperthuis), à l'Italie et à la Grèce antique (Paris, naumachie du parc Monceau par Carmontelle) ou au Moyen Age, non sans pousser parfois l'illusionnisme jusqu'à reconstituer ces témoins à l'état de retour à la nature, sous forme de ruines (maison en forme de colonne détruite du Désert de Retz). La Chine et la Turquie enrichissent ce « retour aux sources » d'une note de dépaysement

*Paris,
tombeau égyptien
de la Folie de Chartres
(aujourd'hui
parc Monceau).
Photo Popet.*

(pagode de Chantelou par Le Camus). A quoi s'ajoute, sous l'influence des Lumières et du sentimentalisme cher à l'époque, une architecture d'esprit allégorique et littéraire : temples dédiés à l'Amitié (Betz), à l'Amour (Trianon par Mique) ou à la Philosophie (Ermenonville), tombeaux (celui de Rousseau à Ermenonville), « bosquets de Clarens » tirés de *La Nouvelle Héloïse...*

Désert de Retz, maison en forme de colonne détruite : vue perspective et coupe. Paris, Bibliothèque nationale, Estampes. Photos B.N.

Bordeaux,
façade principale
du théâtre.
Photo Biraben.

Bordeaux,
escalier d'honneur
du théâtre.
Photo Biraben.

L'ARCHITECTURE PUBLIQUE

Bien que freinée assez vite par la crise financière, son activité se maintiendra sous Louis XVI, notamment grâce à l'action des intendants et des municipalités. Mais le renouvellement exemplaire des dernières grandes entreprises officielles du règne de Louis XV (Paris, École militaire par Gabriel, hôtel de la Monnaie par Antoine, École de Chirurgie par Gondoin), joint au progrès des thèses réformatrices des Lumières, confère de plus en plus d'ambition aux programmes d'utilité publique, considérés dorénavant par les architectes comme la tâche essentielle et l'activité noble de la profession. Dès lors, l'impératif est clair : donner à l'œuvre d'intérêt public une forme digne et monumentale mais aussi la rendre « parlante » et à la portée de tous en vertu de l'idéal civique. Tel est le principe général qui va commander l'aspect extérieur de l'édifice, aisément reconnaissable, son esthétique, porteuse d'une signification à la fois moralisatrice et pédagogique, et son implantation dans le cadre urbain.

Stylistiquement, les bâtiments publics n'en trahissent pas moins des distinctions formelles comparables à celles observées dans l'architecture domestique.

D'une part, la tradition du néo-classicisme à la Gabriel se perpétue avec ses larges ornements (Montpellier, château d'eau du Peyrou par Giral), ses dômes sur plan carré et ses péristyles surmontés de statues (Paris, palais de Justice par Desmaisons et Antoine). A quoi s'ajoutent les résurgences richement décoratives des grandes colonnades à la Bernin, essentiellement scéniques (Bordeaux, façades du théâtre par Louis).

A l'inverse, le goût d'une architecture austère et mâle (Paris, Collège de France par Chalgrin) oscille entre un purisme gréco-palladien (Nantes, théâtre par Crucy) et l'affirmation brutale de l'ordre colossal (Besançon, théâtre par Ledoux) et de formes rustiques et massives (Paris, théâtre de l'Odéon par Peyre et de Wailly). A l'intérieur de ces édifices, notamment des théâtres — alors sources d'expérimentation féconde —, les modèles ne sont pas moins sensibles : coupole à caissons du Panthéon romain pour l'amphithéâtre de l'École de Chirurgie, thermes romains pour le vestibule du théâtre de Nantes... A Bordeaux, Louis a su fondre rigueur et prestiges de l'antique en une trame monumentale et scénique d'un grand effet. Un siècle plus tard, l'escalier de son théâtre devait inspirer encore Garnier à l'Opéra de Paris.

Au demeurant, l'ordonnance privilégiée de ces programmes tend à poursuivre de plus en plus ses effets à l'extérieur de l'édifice. Ainsi l'aménagement de places autour des monuments publics, et même parfois d'hôtels privés (Paris, place du Palais-Bourbon par Leroy, galeries marchandes du Palais-Royal par Louis), entraîne-t-il l'érection de façades uniformes (Paris, place de l'Odéon par Peyre et de Wailly). Ces opérations urbanistiques vont de pair avec la création d'espaces verts et de promenades (Nantes, cours Cambronne ; Nancy, cours Léopold).

Paris, théâtre de l'Odéon, état primitif. Paris, Bibliothèque nationale, Estampes. Photo B.N.

L'ARCHITECTURE RELIGIEUSE

Si l'architecture conventuelle connaît un net fléchissement en accord avec la stagnation de la vie monastique, ce recul n'empêche pas la construction de nombreux logis ou palais abbatiaux, tel celui de Royaumont (par Le Masson) exceptionnel toutefois en son temps pour s'afficher comme une traduction quasi littérale de Palladio.

D'une manière générale, les églises se caractérisent par l'abandon des ordres superposés, jugés illogiques, pour l'ordre colossal de l'Antiquité (celui du Panthéon romain puis ceux des monuments de Paestum, de Grèce et de Sicile) ou de la Renaissance (celui de Palladio). A l'intérieur, depuis les prototypes mis au point à la fin du règne de Louis XV par Contant d'Ivry, Trouard ou Chalgrin, on s'accorde à rejeter de même l'arcade et ses piliers pour leur substituer l'usage du simple linteau et de la colonne.

Autre trait commun à l'époque : la reprise, avec celle du péristyle à l'antique, du plan basilical constitué d'une double rangée de colonnes surmontées d'une voûte en général à caissons, le tout terminé le plus souvent par une abside semi-circulaire. Remis à l'honneur avant 1774 par Trouard (Saint-Symphorien

Versailles,
chapelle du couvent
de la reine
(aujourd'hui
lycée Hoche).

de Montreuil) et Chalgrin (Paris, Saint-Philippe-du-Roule), ce plan s'impose aussi bien aux architectes parisiens, tel Brongniart à Romainville, que provinciaux comme Sigaud à Saint-Louis de Tarbes. Au plan basilical s'ajoute enfin le plan central, associé inva-

Paris, façade
de Saint-Louis d'Antin.

riablement au dôme, non seulement dans les chapelles (Nancy, la Visitation par Antoine) mais aussi dans les églises qui offrent alors des formes en croix grecques (Besançon, Saint-Pierre par Bertrand), polygonales ou en rotonde (église de Givry par Gauthey).

Au-delà de ces principes généraux, les distinctions stylistiques reprennent tous leurs droits. Là encore, un Richard Mique, par exemple, incarne la tradition du néo-classicisme tempéré et orné, issu de Perrault et de Gabriel, au couvent de la reine à Versailles (lycée Hoche) ou à la chapelle du Carmel de Saint-Denis (palais de Justice). Son ordre ionique demeure chargé, à la manière de la Renaissance et du Baroque. Ses effets de colonnades rappellent davantage la

29

Rome du Bernin que celle des basiliques antiques ou des édifices paléo-chrétiens.

A l'inverse, l'alliance épurée du type basilical ou central avec le vocabulaire palladien caractérise les édifices d'un Étienne-François Legrand (Saint-Louis de Port-Marly) ou d'un Charles-François d'Arnaudin (Versailles, chapelle de l'hôpital civil). Privés parfois de colonnes, ces édifices tirent alors de la simple définition des volumes un effet de dépouillement et d'austérité (Saint-Nicolas de Ville-d'Avray par d'Arnaudin; Paris, façade de Saint-Louis-d'Antin par Brongniart) aussi fort que l'emploi du seul ordre dorique sans bases (Paris, cloître de Saint-Louis-d'Antin par Brongniart, aujourd'hui lycée Condorcet).

A l'intérieur, le mobilier ecclésiastique répond à la fois au répertoire antiquisant (tombeaux ou autels en forme de sarcophages) et à une conception nettement monumentale (Paris, Saint-Sulpice, chaire d'après de Wailly) qui gouverne aussi bien l'aménagement scénique de l'espace (Saint-Sulpice, chapelle de la Vierge par de Wailly) que le riche décor sculptural (Saint-Sulpice, chapelle des fonts et chapelle du Saint-Viatique par Chalgrin).

LA DÉCORATION INTÉRIEURE

Face à l'étiquette, le goût du confort et de la vie domestique l'emporte davantage encore qu'à l'époque précédente. Plus d'enfilade, plus de grandes perspectives, mais un fractionnement suggestif de l'habitation, dû à l'adoption générale du plan massé ou compact. Ce dernier privilégie l'aménagement de petites pièces aux attributions désormais fixes (chambre à coucher, salle à manger, bibliothèque, salle de musique, salle de bains) et à vocation intime (boudoir, méridienne, cabinet de travail, cabinet des glaces...).

Dès lors, hormis le maintien chez les grands des nécessaires morceaux d'apparat, tels l'escalier (châteaux de Bénouville, de Belbeuf), la salle à manger (château de Maisons) ou le salon d'honneur (Paris, hôtel de Gallifet), l'époque Louis XVI va se caractériser par une réduction conjointe de l'échelle du logis et du décor.

La conception et le décor des lambris évoluent en fonction de la dimension des pièces. Aux plus petites (de formes volontiers rondes, ovales ou hexagonales) s'adapte aisément le système traditionnel des pan-

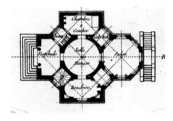

Versailles,
pavillon de la comtesse
de Provence.
Coupe et plan.
Gravure de Boulay.
Paris, Bibliothèque
nationale, Estampes.
Photo B.N.

Caractère général
du décor

neaux unifiés ou des panneaux superposés, aux nettes divisions quadrangulaires, souvent interrompues par d'étroits parcloses (Versailles, cabinet de la Méridienne). A quoi s'ajoutent, toujours comme revêtement mural, le recours aux glaces, aux textiles (soieries, indiennes), aux papiers peints, ainsi qu'une réapparition sensible de la vogue des trompe-l'œil : décors peints de paysages exotiques ou de ruines pittoresques particulièrement adaptés aux pièces réduites (Versailles, salle à manger du pavillon de la comtesse de Provence).

Pour ne pas écraser ces petites salles, l'ornement s'amincit : son relief s'aplatit, se fait moins adventice. Et surtout l'ensemble du décor se réduit d'ordinaire aux bordures et respecte le nu des panneaux, de couleurs claires, blanc ou vert d'eau le plus souvent, sur lesquelles joue l'or des reliefs (Versailles, bibliothèque de Louis XVI).

Dans les pièces plus vastes, on continue à insérer les panneaux dans un rythme uniforme de grandes arcades auquel se plient également les glaces des cheminées et les portes, elles-mêmes surmontées dans leur tympan de peintures ou de figures en relief ou en ronde-bosse. Mais, depuis la fin de l'époque Louis XV,

Paris,
hôtel de Rochechouart,
exemple d'ordre colossal
à pilastres.

le souci du monumental a entraîné le retour à l'ordre colossal de pilastres (Paris, hôtel de Rochechouart, par Cherpitel) ou de colonnes (Paris, hôtel de Gallifet par Legrand), parfois groupés deux à deux. A l'intérieur de ces pièces d'apparat, où plus qu'ailleurs s'affirme un décor de caractère architectural, niches, frontons, poëles, fontaines, couronnement de cheminées et de portes rivalisent d'ampleur. A l'inverse des petits appartements aux couleurs pimpantes, la sculpture y joue en fort relief à même la pierre nue ou le stuc blanc (château de Maisons, salle à manger).

Mais au-delà de ces principes généraux, petits appartements et pièces d'apparat suivent une évolution du goût qu'alimentent sans relâche les recherches des architectes et des ornemanistes. Ce n'est donc pas un style mais un faisceau (et souvent une

interpénétration) de tendances qui se fait jour dans la décoration intérieure.

Le style monumental   Au début de l'époque Louis XVI (Paris, grand salon de l'hôtel des Monnaies par Antoine), subsiste un courant hérité du retour au grand goût louis-quatorzien des dernières années du règne de Louis XV. A l'ordonnance majestueuse de l'ordre colossal s'allie un goût, très Le Pautre, pour les saillies et les décrochements des corniches et des frontons, le jeu vigoureux des pilastres et des niches, le relief puissant des trophées, des chutes d'armes et des draperies (Paris, hôtel Grimod d'Orsay, d'après Jean-Auguste Renard). Un Pierre-Adrien Pâris (1747-1819) excelle à combiner ces éléments à l'antique avec une ampleur décorative très « grand siècle » (Paris, salle à manger du duc d'Aumont, remontée à l'hôtel de Tour d'Auvergne). Avec le ciseau de Lhuillier, un François-Joseph Bélanger sait, à l'occasion, lui fournir une réplique magistrale, quoique dans une teinte plus antiquisante (château de Maisons, salle à manger et salle de jeux).

Versailles,
cabinet de la Méridienne.
Photo Musées nationaux.

Ce second courant réduit ensuite à sa propre image la mode « à la grecque » héritée également de l'époque Louis XV « transition ». Mais loin des citations archéologiques, il en interprète dans un sens léger et gracieux le vocabulaire antiquisant de palmettes, de frises de postes ou de grecques, d'oves, de rangs de perle et de rai-de-cœur. C'est là, dès les années 1780, le style de Mique, l'architecte de la reine, et de ses interprètes, les sculpteurs ornemanistes Antoine Rousseau et ses fils, surtout Jules-Hugues et Jean-Simon, épris de lignes droites, de relief minuscule et discret. Éclectique, cet art s'annexe tout un répertoire galant de couronnes, de paniers, de rubans, de carquois, de torches, de cœurs ou de tiges de roseaux percés de flèches, disposé sur les panneaux en minces bordures (Versailles, cabinet de la Méridienne).

Jusqu'assez tard, ce style décoratif, dit parfois « style à la Reine », ne se départira pas d'une certaine fraîcheur d'interprétation, capable de rompre parfois avec l'idéalisation mécanique des allégories au profit du pittoresque du rendu (Versailles, cabinet de toi-

**Le premier style
Louis XVI ou
« style Mique »**

*Château
de Fontainebleau,
boudoir de la reine.
Photos Lauros-
Giraudon.*

lette de Louis XVI). Le réalisme piquant, qui apparaît alors, entraîne dans son sillage le renouvellement des thèmes champêtres et pastoraux ainsi que celui des compositions florales, sous l'influence d'ornemanistes comme Cauvet ou Ranson. Les progrès de l'anticomanie n'en gagne pas moins le style de Mique dès 1783 comme en témoigne le réseau plus sensible des vases montés sur trépied, des sphinges, des guirlandes et des frises du Cabinet doré de Marie-Antoinette à Versailles.

**Les arabesques
et le goût pompéien**

D'autres motifs ne tardent pas en effet à se superposer à cette première manière. Le renouvellement décisif, qui se fait jour alors, prend sa source dans l'œuvre du décorateur Charles-Louis Clérisseau (1726-1820) d'une part et dans celle de l'architecte Bélanger et de son collaborateur-ornemaniste Jean-Démosthène Dugourc (1749-1825) d'autre part. Dès les années 1777, le premier à l'hôtel Grimod de La Reynière (Paris, détruit, éléments au Victoria et Albert Museum Londres), le second au pavillon de Bagatelle (Paris, bois de Boulogne) ont rajeuni la tradition française des grotesques au contact des arabesques de Pompéi et de la Renaissance en mettant au point un style décoratif à la fois très animé et très linéaire. Un ré-

pertoire antique plus précis, une composition qui associe le stuc et la peinture allient le graphisme du contour et la maigreur du relief, rehaussent rinceaux et courbes de bas-reliefs en frises réels ou simulés, de losanges, de médaillons au naturel, en camée à l'antique ou à la Wegdwood : tel est le nouvel art qui rejoint alors et procède peut-être en partie du style Adam en honneur à cette époque en Angleterre (Paris, hôtel Maigret de Sérilly, décor au Victoria et Albert Museum, Londres). Vases sur trépied, urnes, rinceaux, volatiles, griffons et cornes d'abondance composent bientôt des ensembles richement polychromes (Fontainebleau, boudoir de la reine par Jean-Simon Rousseau, dit Rousseau de La Rothière, 1785).

Éveillé, enfin, par les scènes austères et belliqueuses des vases grecs (confondus à tort au XVIIIe siècle avec l'art étrusque), le goût étrusque aura beaucoup plus d'incidence sur la peinture et le mobilier, à la fin du règne de Louis XVI, que sur la conception des intérieurs. Mais, à la veille de la Révolution, avec des décorateurs comme Dugourc et des architectes comme Bélanger (Paris, maison de Mlle Dervieux, détruite), Jacques Cellerier (Paris, hôtel Soubise, 1788, détruit) ou Jacques-Guillaume Legrand et Jacques Molinos (Paris, salon et bibliothèque de l'hôtel de Marbeuf, 1789-1790, détruits), le décor pompéien, sans cesse plus grêle et plus raide, s'intègre dans un cadre architectonique davantage soumis à l'Antiquité.

Détail de l'illustration de la page 36.

A gauche :
Paris, salle à manger de la maison de Mlle Dervieux (détruite).
Gravure de Ransonnette.
Paris, Bibliothèque nationale, Estampes.
Photo B.N.

Le goût étrusque

Outre l'accentuation des divisions géométriques des panneaux, cette évolution se constate à l'emploi de minces colonnettes, au traitement nouveau des plafonds drapés en forme de tentes, de velums, en ombelle ou tendus de voûtes en treillage. En même temps, l'harmonie pimpante de ces intérieurs, que rehausse déjà la vogue de l'acajou, s'oriente avec ses filets de bronze, ses tons puce ou gris marbrés, ses ornements en stuc blanc sur fond bleu ou jaune vers la polychromie du style Directoire.

Motifs antiquisants du pavillon de Bagatelle. Gravure de Boulay. Paris, Bibliothèque nationale, Estampes. Photo B.N.

Page 39 : Modèle d'ornement par Cauvet. Paris, Bibliothèque nationale, Estampes. Photo B.N.

LE RÉPERTOIRE DÉCORATIF

Le triomphe des formes rectilignes et de l'angle droit, une prédilection pour les surfaces nues que le décor n'anime qu'en bordure : tels sont les caractères premiers du style Louis XV, qu'accentue une mouluration plate et fine qui ira sans cesse s'amenuisant.

L'Antiquité, bien sûr, constitue le vocabulaire essentiel, et d'abord à travers les ornements « à la grecque » (palmettes, guirlandes, frises de postes ou de grecques, oves, rangs de perle et rai-de-cœur) hérités du style Louis XV « transition ». A quoi s'ajoute peu à peu une foule de motifs (rangs de piastres, entrelacs, rosaces, feuilles de laurier et de chêne, urnes, vases sur trépied, cassolettes fumantes, faisceaux d'armes) à mesure que grandit l'engouement à l'égard des civilisations anciennes. Ainsi les recueils d'ornemanistes traduisent-ils le passage d'une aimable et libre interprétation de l'Antiquité, dans l'esprit de Gilles-Paul Cauvet (1731-1788) par exemple, à un souci d'imitation de plus en plus raide et précis, chez un Jean-Baptiste Fay, un Juste-François Boucher et un Jean-Démosthène Dugourc. Du monde antique, on retient également les thèmes animaliers (lions, chimères, têtes de gorgones et de boucs, sirènes, griffons

*Modèle de frise
par Salembier.
Paris, Bibliothèque
nationale, Estampes.
Photo B.N.*

ou sphinx déjà égyptisants) et anthropomorphes (canéphores et figures portant des girandoles ou des cornes d'abondance, bustes antiques dans des niches, bacchanales ou scènes de pugilistes, nymphes ou *putti* symbolisant les saisons ou les Arts).

Ces thèmes se regroupent en deux types de composition essentiels : l'*arabesque* et le *bas-relief à l'antique*. A l'arabesque correspondent, surtout pour les lambris, les variations et fantaisies ornementales dans le goût pompéien, que diffusent à travers leurs recueils des artistes tels que Salembier, Louis Prieur, Richard de La Londe. Les compositions en bas-relief à l'antique courent, quant à elles, sous forme de frise rectangulaire, en bronze sur les meubles et les cheminées. Également en trompe-l'œil avec les grisailles d'un Pierre-Paul Sauvage (château de Compiègne), en marbre, en terre cuite, ou en stuc moulé d'après Feuillet ou d'Hollande, elles s'inscrivent alors dans des tables renfoncées au-dessus des portes, sur les attiques ou les courbes des rotondes. Elles peuvent aussi se limiter à la forme d'un médaillon, soit cantonné de figures, soit traité en camée à l'antique ou à la Wegdwood (blanc sur fond bleu).

Autre type de composition important après l'arabesque et le bas-relief : le *trophée*. Ce dernier associe certes des motifs antiques mais davantage encore le répertoire bucolique qu'alimentent les idées de retour à la nature du XVIIIe siècle finissant. Un ornemaniste comme Pierre Ranson (1736-1786) incarne assez bien le réalisme pittoresque qui mêle alors les instruments de jardinage et de labour aux turqueries et aux chinoiseries habituelles. Le style de Ranson traduit aussi un net renouvellement des compositions florales marqué par la substitution, au bouquet monumental de tradition Louis XIV, de « la fleur détachée » et du semis, lesquels font fureur. A ce monde champêtre se greffent des attributs sentimentaux d'esprit également très Louis XVI comme les baguettes

*Modèles de vase
et de trophée par Ranson.
Paris, Bibliothèque
nationale, Estampes.
Photos B.N.*

enroulées de rubans croisées en X, les cœurs percés de
flèches, les colombes, les torches et surtout les rubans
et leurs nœuds ou faveurs attachés aux bouquets ou
aux médaillons. Ajoutons, pour finir, un goût « tapis-
sier » pour les passementeries, les franges, les glands
et les draperies surtout qu'on retrouvera même sur
les meubles.

Le Serment des Horaces,
par David.
Paris, musée du Louvre.
Photo Lauros-Giraudon.

La Prière du matin,
par Greuze.
Montpellier,
musée des Beaux-Arts.
Photo Giraudon.

LA PEINTURE

Le retour au « grand genre » amorcé dans les dernières années du règne de Louis XV se confirme sous l'autorité du Premier peintre, Jean-Baptiste-Marie Pierre (1714-1789), et du nouveau directeur des Bâtiments, le comte d'Angiviller. Soutenue par de grandes commandes, comme celle de *L'Histoire de France* à laquelle participent des maîtres tels que Louis-Jacques Duraméau (1733-1796) ou François-André Vincent (1746-1816), la peinture officielle, tout en maintenant le beau métier décoratif du xviiie siècle, abandonne les sujets d'agrément pour l'exaltation de l'épopée nationale.

A Rome, en revanche, la réaction des élèves de l'Académie, Jean-François-Pierre Peyron (1744-1814), Jean-Baptiste Regnault (1754-1829) et Jacques-Louis David (1748-1825), va se montrer autrement plus radicale. Et surtout sans lien aucun avec l'Antiquité aimable et mollement sensuelle pratiquée par le directeur, Joseph-Marie Vien (1716-1809), ou un Louis Lagrenée (1725-1805). Dès les années 1780, le nouveau néo-classicisme s'affirme à travers deux options essentielles : un néo-poussinisme calme et harmonieux et une quête antiquisante sans cesse plus austère.

Dès lors, Peyron (*Bélisaire*, 1779, Toulouse, musée des Augustins) puis David (*Saint Roch intercédant auprès de la Vierge*, 1780, musée de Marseille), à rebours du métier décoratif, associent une palette mi-poussinesque, mi-caravagesque à l'évocation de grandes figures héroïques traitées avec dépouillement et rigueur. A ce stade, seul David poursuivra sa quête et haussera le ton jusqu'à conférer au sujet antique une puissance d'évocation et un poids exemplaire immédiatement perceptibles (*Hector et Andromaque*, Paris, 1783, École des Beaux-Arts). Outre le souci d'exactitude archéologique, l'effet et la tension ainsi obtenus passent par la recherche d'une composition simple, le respect de la perspective linéaire, la concentration de l'intérêt dramatique sur un seul point et le traitement des personnages grandeur nature sur un même plan à la manière des bas-reliefs antiques. Tels sont les préceptes sans cesse plus austères qui, à partir du *Serment des Horaces* (1784, Louvre) et du *Brutus* (1789, Louvre), vont s'emparer à la veille de la Révolution des milieux parisiens.

Bien que gagné à la simplification de la mise en scène et des accessoires, le portrait oscille entre une formule brillante et une formule réaliste avec Alexandre Roslin (1718-1793), Joseph-Siffred Duplessis (1725-1802), Joseph Ducreux (1737-1791) ou Joseph Boze (1745-1825). Mais il peut évoluer parfois vers la franchise du rendu et du coloris avec Adélaïde Labille-Guillard (1749-1803), ou vers une expression « sensible » qui répond au sentimentalisme de l'époque avec Élisabeth Vigée-Le Brun (1755-1842). Portée à l'expressivité et à l'extériorisation des sentiments à des fins didactiques, la scène de genre exploite des registres voisins. Dans ses sujets larmoyants et moralisateurs, un Jean-Baptiste Greuze (1725-1805), lorsqu'il ne sacrifie pas à des langueurs faussement pudiques, n'en parvient pas moins à fixer toute la fraîcheur de l'enfance (*Le Gâteau des rois*, Montpellier, musée Fabre). A ses côtés, une foule de petits maîtres, tels Frédéric Schall ou Nicolas Lanfrensen, dit Lavreince, multiplient scènes anecdotiques ou galantes.

Après avoir restauré, sur les traces de Claude Lorrain, l'étude attentive de l'atmosphère, Claude-Joseph Vernet (1714-1789) incline à plus d'effets faciles et à plus d'émotion dans ses vues de naufrages et de tempêtes d'esprit déjà romantique. Mais le sens du

Le Verrou,
par Fragonard.
Paris, musée du Louvre.
Photo Musées nationaux.

pittoresque fait également le succès des paysages de ruines et des panoramas urbains, spécialité de peintres comme Hubert Robert (1733-1809) et Pierre-Antoine de Machy (1723-1807).

Avec l'évocation d'une nature féerique, hantée par l'exemple des Nordiques et de Watteau, Jean-Honoré Fragonard (1732-1806) a déjà atteint le sommet de sa carrière à l'avènement de Louis XVI (*La Fête à Saint-Cloud*, Paris, Banque de France). Dès lors, toujours dans son registre personnel, il va s'orienter tantôt vers l'imitation des petits maîtres hollandais (*Le Baiser à la dérobée*, Leningrad, musée de l'Ermitage), tantôt vers une veine plus réfléchie (*Le Verrou*, Louvre) ou plus antiquisante (*la Fontaine d'Amour*, Londres, Wallace Collection).

Faunesse et petit faune,
par Clodion.
Paris,
musée Cognacq-Jay.
Photo Giraudon.

LA SCULPTURE

En dépit de la commande du cycle des *Hommes illustres de la France*, réalisée de 1776 à 1789 par les principaux maîtres du temps, l'époque Louis XVI se caractérisera surtout par le triomphe de la petite sculpture de boudoir et d'appartement et par celui du portrait. Les nudités charmantes (*Psychée abandonnée*, Louvre) du sculpteur officiel, Augustin Pajou (1730-1809), trouvent leurs pendants sous le ciseau d'une foule d'habiles praticiens, souvent également décorateurs, tels Jean-Joseph Foucou (1739-1815), Louis-Simon Boizot (1743-1809), Christophe-Gabriel Allegrain (1746-1810), Jean-Guillaume Moitte (1746-1810), Philippe-Laurent Roland (1746-1816) et Pierre Julien (1731-1804), auteur de la célèbre *Nymphe Amalthée* conçue pour la laiterie de Rambouillet. Bacchanales, faunes, putti, en relief, en groupe de terre cuite ou en garniture de vases : Claude Michel, dit Clodion (1738-1814) excelle à traiter ces thèmes dans une veine sensuelle et joviale qui doit autant aux polissonneries de Fragonard qu'à la chaleur communicative de Titien ou de Rubens. L'œuvre de Jean-Antoine Houdon (1741-1828) sacrifie également à ce genre mais en une forme supérieure (*L'Hiver* ou *La*

Buste de
Madame Houdon,
par Houdon.
Paris, musée du Louvre.
Photo Musées nationaux.

Frileuse, Louvre) qui confine parfois au purisme (*Diane*, Louvre). Mais l'exigence de la précision, le souci de l'anatomie et de la nature en font le premier portraitiste de son temps, qu'il s'agisse d'effigie grandeur nature (*Voltaire*, Comédie-Française) ou de bustes (*Madame Adélaïde, Madame Houdon*, Louvre). Un cran au-dessous, la plupart de ses contemporains, Pajou, le décorateur Félix Lecomte (*Marie-Antoinette*, musée de Versailles), Jean-Baptiste Defernex (*Madame Favart*, Louvre) et surtout Jean-Jacques Caffieri (1725-1792), aussi à l'aise devant le modèle vivant (*Le Chanoine Pingré*, Louvre) que dans ses bustes rétrospectifs (*Rotrou*, Comédie-Française), abordent le genre avec franchise et liberté.

Le Marché,
tenture des Bohémiens.
Manufacture
de Beauvais.
Paris, Mobilier national.
Photo Musées nationaux.

LES ARTS TEXTILES

D'une manière générale, la réduction de l'échelle du logis va à l'encontre de la grande tapisserie à sujets historiques, laquelle se réduit le plus souvent à l'imitation servile de tableaux de chevalet campés parfois dans des cadres en trompe l'œil. La nécessité de recourir aux teintures chimiques ou « petits teints », pour rivaliser avec les dégradés de la peinture, compromet en outre la solidité des couleurs. Mais à part ces contingences d'ordre technique, les Gobelins traduisent l'évolution du goût à la charnière des deux règnes par le tissage dans le style « à la grecque » de deux tentures, *Les Amours des dieux* d'après les peintres Pierre et Vien et *Les Saisons* d'après Antoine Callet. L'adoption des thèmes issus de l'épopée nationale entraîne également la mise en chantier de *L'Histoire d'Henri IV* d'après Vincent (1783-1787) et de la tenture de *L'Histoire de France* sur les cartons de Durameau, Ménageot, Suvée, Brenet, Le Barbier, Vincent et Barthélemy. L'exécution de tapisseries de sièges apporte un heureux divertissement à ces suites pompeuses avec notamment les compositions florales tissées d'après Tessier et Jacques.

A la même époque, la manufacture de Beauvais se

distingue par une production riante et pittoresque grâce aux cartons de Casanova *(Les Bohémiens)* et de Jean-Baptiste Huet *(Les Pastorales à draperie bleue et arabesques)*. Mais avec les modèles de Lavallée-Poussin, une tenue plus mâle *(la Conquête des Indes)* puis froidement antiquisante *(Les Sciences et les Arts; Les Quatre Parties du monde)* ne tarde pas à se faire sentir.

Au demeurant, la garniture des sièges et les tentures murales favorisent moins l'essor de la tapisserie que celui, à Lyon en particulier, des soies et des satins brochés, dont les gradations dans le passage d'un ton à l'autre atteignent leur sommet grâce à Philippe de La Salle. L'évolution du goût consacre ensuite, à partir des années 1780, les teintes vives et contrastées que l'élève de La Salle, Jean-François Bony, excelle à marier aux motifs de couronnes garnies de palmes et de rosaces.

Les solides cretonnes imprimées, ces toiles décoratives dites alors « indiennes », connaissent un égal succès sous Louis XVI. En 1783, la maison de Christophe Philippe Oberkamp (1738-1815), à Jouy-en-Josas, accède au titre de manufacture royale. Dès lors, sur des modèles fournis par Jean-Baptiste Huet, la fabrique se lance dans un répertoire pastoral ou exotique imprimé sur fond blanc et enrichi d'un entourage de volutes, de rinceaux et d'arabesques ou rehaussé de croquis dans les intervalles.

LE MOBILIER

Héritier du style dit « transition » et de la mode
« à la grecque », le mobilier Louis XVI va à la fois
radicaliser et assouplir ces tendances. L'affirmation
des formes rectilignes et des angles droits et la prédo-
minance du vocabulaire architectural iront d'abord
de pair avec une libre interprétation du répertoire
gréco-romain dont l'influence ne se fera exclusive
qu'à la fin du règne.

Dans un premier temps, le décor, pour se vouloir
antiquisant, demeure extrêmement riche, en particulier à la cour. L'emploi généreux de la marqueterie,
des laques d'Extrême-Orient, des plaques de porcelaine
de Sèvres, du décor à la Wedgwood, et surtout l'im-
portance de la sculpture, sur bois ou en garnitures
de bronze, correspondent alors à un ultime moment de
perfection de l'ébénisterie française. Puis, à partir
des années 1780, les impératifs de la crise financière
et les réductions somptuaires de la cour rejoignent des
aspirations morales et esthétiques favorables à plus
de retenue et de simplicité. Sous l'influence d'ornemanistes comme Jules-François Boucher ou La
Londe, le style incline à une épuration et un raidissement qu'incarne assez bien l'ultime manière de Riese-

*Secrétaire
à abattant par Riesener.
Londres,
Wallace Collection.
Photo du musée.*

Table « tricoteuse »
attribuée à Riesener.
Paris, musée Nissim
de Camondo.
Photo Sully-Jaulmes.

Chaise à dossier terminé
en « chapeau » et ajouré
de motifs divers,
dont le monogramme
de Marie-Antoinette.
Versailles, Petit Trianon.
Photo Arch. Phot.

ner : ses placages de bois uni, son goût pour l'acajou relevé de simples filets de bronze. Dans les années 1785, pour finir, l'exemple des vases grecs, dits « étrusques », et les décorations d'un Dugourc imposent peu à peu un idéal d'austérité et d'exactitude archéologique, que symbolisent les premiers mobiliers « étrusques » de Jacob (celui de l'atelier de David; celui de la laiterie du château de Rambouillet d'après Hubert Robert) et l'enthousiasme soulevé par *Le Serment des Horaces* au Salon de 1785. Dès lors s'élaborent les prototypes du style Directoire et du style Empire.

Dans l'impossibilité de décrire ici l'ensemble des phénomènes qui entrent alors dans le renouvellement du mobilier, on en retiendra avant tout la variété confondante.

L'art de la marqueterie a vu la substitution, dès les années 1770, au style ample et figuratif d'Œben, du décor réticulé constitué de compositions en forme de mailles garnies de fleurettes. Évolution qui n'exclut ni les variations sur des thèmes géométriques (cubes, carrés sur leur pointe) ni le maintien des tableaux de fleurs ou de paysages. A partir des années 1780 toutefois, ces motifs polychromes, qui nécessitent l'emploi de plusieurs essences exotiques, cèdent progressivement la place au simple placage d'acajou uni ou en bois de thuya. L'élégance et la finesse croissante de la ciselure et de la dorure, soulignées par le contraste des plages brunies et des plages mates, situent également à un sommet le travail des bronzes (secrétaire à abattant de Riesener, Londres, Wallace Collection).

Le goût du confort, la réduction de l'échelle des pièces et le rôle important reconnu aux femmes dans la vie de société entraînent une floraison de petits meubles : tables de toilette, à ouvrage, à café, à écrire ou à lecture (munie d'une tablette inclinable), tables vide-poches, ou tricoteuses, marquetées et garnies parfois de plaques de porcelaine ou ceinturées au sommet d'une petite galerie en bronze. Bien que rectangulaires en général, elles peuvent présenter d'autres formes : circulaires pour les tables à ouvrage ou de chevet, montées sur trépied à l'antique pour les guéridons ou les athéniennes de métal, en rognon dit « en haricot », et, plus rarement, en forme de cœur pour les toilettes. La table à écrire connaît des métamor-

phoses décisives avec le succès du « bureau à cylindre », apparu à la fin du règne de Louis XV, lequel se voit flanquer du « secrétaire à abattant », adossé au mur et jugé moins encombrant avec son panneau vertical s'inclinant pour former pupitre. Au bureau plat, les femmes préfèrent le « bonheur du jour », petite table surmontée d'un étage de tiroirs et de gradins, et une foule de tables à mécanisme, dites « tables à la Tronchin ». De type simple ou à coins arrondis ouverts ou non pour les « dessertes », « en demi-lune » ou « en console », la commode répond à des affectations diverses. Le cabinet ou « meuble d'entre-deux » repose sur des pieds bas, le plus souvent en toupie, à la différence des coffres ou « serres » à bijoux, montés sur des pieds hauts, fuselés ou en carquois (coffre à bijoux de Marie-Antoinette par J. F. Schwerdfeger, Versailles). « Chiffonniers » et « semainiers » superposent leurs nombreux tiroirs logés dans un corps étroit et vertical.

Parmi les ébénistes de premier plan, on retiendra Jean-Henri Riesener (1734-1806), ébéniste de la couronne dès 1774, et son successeur Guillaume Beneman (actif de 1784 à 1804), Roger Vandercruse, dit Lacroix (1728-1795), René Dubois (1738-1799), un des initiateurs sous Louis XV des formes « à la grecque », Martin Carlin, épris de matières précieuses et de laques, Charles Topino et Adam Weisweiler († 1785), spécialistes de meubles légers, puis Étienne Levasseur (1721-1798) et Philippe-Claude Montigny (1734-1800), connus pour leurs imitations des marqueteries Boulle. A la suite de Riesener, se sont signalés comme inspirateurs de l'évolution vers la simplicité et le dépouillement des formes Jean-François Leleu (1729-1807) et Claude-Charles Saunier (1734-1807) qui introduira le mobilier de salle à manger venu d'Angleterre.

De son côté, le mobilier de menuiserie ne le cède en rien pour l'inspiration et la variété au mobilier de

*Chaise et canapé
provenant de
Saint-Cloud, par Jacob.
Musée national
du château de Versailles.
Photos
Musées nationaux.*

marqueterie. Les lits se divisent en des types nombreux selon la disposition de leur ciel ou baldaquin et selon leur situation dans la chambre, « de milieu », soit perpendiculaires au mur (lits à la duchesse), « de travers », soit parallèles à ce dernier (lits à la polonaise). La famille des sofas et des canapés n'est pas moins grande, enrichie par la vague exotique.

Les pieds des sièges se font rectilignes ou cannelés, en fuseau ou en carquois. D'abord en volute, les supports d'accotoir évoluent vers un type à balustre. Les dossiers présentent un dessin rond ou ovale (fauteuil à médaillon), plat et carré (fauteuil à la reine), à courbes et ressauts (en chapeau), incurvé et cintré à la partie supérieure (fauteuil en cabriolet), pourvu de joues ou d'oreilles (fauteuil en confessionnal), puis enveloppant à la fin du règne (fauteuil en gondole) ou garni de colonnettes. Outre ces types, les chaises offrent des dossiers en forme de fer à cheval (en cul-de-four), à manchettes rembourrées pour servir d'accoudoir (voyeuses), puis, vers la fin du règne sous l'influence du style Adam venu d'Angleterre, des dossiers ajourés de motifs divers : épis, gerbes, lyres, corbeilles de vannerie ou montgolfières. A la veille de la Révolution, le goût étrusque suscite des sièges en acajou massif aux piétements en X et aux dossiers ajourés en forme de sangles (sièges du mobilier de la laiterie de Rambouillet par Jacob d'après Hubert Robert, éléments au Petit Trianon, Versailles).

Au nombre des créateurs les plus influents, la première place revient à Louis Delanois (1731-1792), inspirateur du style à la grecque, à la fin du règne de Louis XV, Jean-Baptiste-Claude Sené (Fontainebleau, lit de Marie-Antoinette) et surtout à George Jacob (1739-1814) qui orientera la production vers le style Directoire.

LES BRONZES D'AMEUBLEMENT

A la différence du Grand Siècle, épris là encore de larges morceaux et d'effets de masse, le bronze Louis XVI se caractérise par la finesse du rendu, la recherche de la netteté et de la précision du détail. A ces qualités d'élégance, un des meilleurs bronziers-ciseleurs, Pierre Gouthière (1732-1813), ajoute la franchise d'impression de la dorure au mat, procédé qui permet d'opposer surfaces mates ou froides et surfaces brillantes ou chaudes frottées à l'agate. Les montures, les plaques ou les médaillons en relief des meubles d'ébénisterie (secrétaire par Riesener, Londres, Wallace Collection) et des cheminées (Versailles, bibliothèque du roi), les montures également des vases ou des brûle-parfums (vase en jaspe rouge du duc d'Aumont, Londres, Wallace Collection), les objets du luminaire, lustres, candélabres (1783, par Cauvet, Louvre), appliques (modèle en forme de carquois par Feuchère, 1788, Louvre), feux ou chenets (feu aux sphinges par Thomire d'après Boizot, Louvre), offrent alors un domaine d'élection pour les grands praticiens, tels Gouthière, Feuchère (actif de 1788 à 1829) et Pierre-Philippe Thomire (1751-1843), et les artistes ou dessinateurs qui leur fournissent des modèles, Fou-

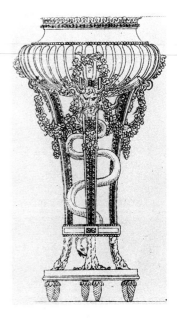

*Brûle-parfum monté
sur trépied de bronze.
Photo B.N.*

*Bras d'applique
par Feuchère.
Paris, musée du Louvre.
Photo Musées nationaux.*

*Feu aux sphinges
par Thomire
d'après Boizot.
Paris, musée du Louvre.
Photo Musées nationaux.*

*Modèle de table
et de bronzes
d'ameublement
par Dugourc.
Paris, musée
des Arts décoratifs.
Photo du musée.*

cou, Clodion, La Rue, Forty, Boizot ou Dugourc. A quoi s'ajoute le succès étonnant des pendules qui donne jour à une variété infinie de formes : colonnes groupées en portique ou simples fûts, vases, lyres, temples, pyramides, obélisques, sphinges, figures mythologiques (pendule des Trois Grâces par Lepaute et Vion, Louvre), dans des compositions qui associent souvent le bronze et le marbre à la porcelaine (pendule des Porteuses de trophées par Robin et Thomire, Paris, musée des Arts décoratifs). A partir des années 1785, Thomire, futur promoteur du style Empire, abandonne les riches ornements à l'antique pour l'austérité et l'archaïsme qui s'emparent alors de certains milieux de la capitale (candélabre de l'Indépendance américaine, 1785, musée de Versailles).

Pendule dite des « Porteuses de trophées » par Robin et Thomire. Paris, musée des Arts décoratifs. Photo du musée.

Modèle de chandelier d'après Forty. Gravure de Colmet. Paris, Bibliothèque nationale. Photo B.N.

Aiguière et son bassin
par Auguste.
Paris, musée
des Arts décoratifs.
Photo du musée.

L'ORFÈVRERIE

A la suite de Jacques-Nicolas Roettiers (service Orloff, 1770-1771, Paris, musée Nissim de Camondo), les orfèvres n'ont pas attendu la mort de Louis XV pour adapter le répertoire antiquisant. L'exemple mieux connu des peintures pompéiennes et l'influence des recueils de Piranèse (les *Vasi, Candelabri, Cippi*, 1778) offrent peu à peu des motifs d'inspiration plus précis qui s'élargissent déjà aux sphinx et aux obélisques de l'Égypte (notamment pour les surtouts). Dès lors, la discipline revient à des formes droites et à un sens de l'objet fondé sur l'affirmation de volumes plus simples et plus géométriques. Ce retour au goût classique et à la conception architecturale des formes doit beaucoup à l'influence exercée par deux grands maîtres : Robert-Joseph Auguste, orfèvre ordinaire du roi dès 1778 et Jean-Baptiste Chéret. Mais parallèlement au triomphe du répertoire antiquisant des colonnes, des chapiteaux, des bas-reliefs, des rinceaux, des pilastres ou des médaillons (service de Gustave III de Suède par Auguste, Stockholm, Palais-Royal), on assiste à une recherche puriste de l'élégance, qui confine parfois au dépouillement (nécessaire de Marie-Antoinette par Jean-Pierre Charpenat, Louvre; aiguière et son bassin par Auguste, Paris, musée des Arts décoratifs). Les dernières années connaissent toutefois les débuts d'une désaffection à l'égard du travail traditionnel au marteau pour celui, plus expéditif et plus rentable, de la fonte reprise au ciselet. Cette technique, que ne va pas tarder à rejoindre le procédé d'application des éléments du décor à froid par vis et écrou, oriente d'ores et déjà le métier vers la conception industrielle des arts dont se réclamera l'Empire.

La Fête des bonnes gens,
*biscuit d'après Boizot
et Le Riche.
Manufacture de Sèvres.
Musée national
de la Céramique.
Photo Musées nationaux.*

*Assiette du service
dit « de Buffon ».
Manufacture de Sèvres.
Paris, musée
des Arts décoratifs.
Photo du musée.*

LA CÉRAMIQUE

Elle est marquée, sous Louis XVI, par le succès prédominant de la porcelaine dure, apparue en France dans les années 1770 à la suite de la découverte d'un gisement de kaolin dans la région limousine. Face à cet engouement, les centres faïenciers encore actifs, Strasbourg avec Joseph Hannong, Moustiers avec Jean-Baptiste Ferrat et surtout Marseille avec la veuve Perrin, Joseph-Gaspard Robert puis Antoine Bonnefoy, maintiennent (à l'exception du dernier) une survivance sensible des formes rocaille, mais traitées à présent avec les ressources du décor au petit feu, dit encore « feu de maroufle ».

Côté porcelaine, en dépit de la vitalité des fabriques privées (Saint-Cloud, Chantilly, à Paris celles de Monsieur ou du comte d'Artois), la production est nettement dominée par Sèvres, le centre officiel, érigé en manufacture royale depuis 1759, et qui jouit à ce titre du privilège exclusif de l'emploi de l'or et des ornements en ronde bosse. Sauf exception (grand service de Versailles en pâte tendre, 1785, château de Windsor), sous l'administration de Parent puis de Régnier, la manufacture opte résolument pour la pâte dure. Mais la production, loin de se résumer à la

Grand vase Médicis
attribué à Boizot
et Thomire.
Manufacture de Sèvres.
Paris, musée du Louvre.
Photo Musées nationaux.

Modèles de tasses.
Paris, Bibliothèque
nationale, Estampes.
Photo B.N.

vaisselle, étend son répertoire de pièces ornementales : plaques pour l'ébénisterie, vases, boîtes de pendule, écritoires, médaillons, imitations de décor à la Wedgwood, chandeliers, fontaines. La sculpture triomphe également dans la confection de figures isolées ou en groupe (*La Fête des bonnes gens* par Boizot et Le Riche) et de bustes, en biscuit de porcelaine dure tirés d'après les meilleurs artistes du temps, dont Pajou (*Naissance du Dauphin*) et Houdon *(Franklin)*.

La nomination en 1779 de Simon-Louis Boizot à la direction de la sculpture confère un tour nettement « Louis XVI » aux grands vases décoratifs dont il fournit les modèles, parfois en collaboration avec Gouthière pour les bronzes. Vases « Médicis » et vases « Boileau » au profil évasé, vases « Boizot à boucs » (à anses en forme de têtes de bouc) puis vases « étrusques à bandeau » marquent, pour ne retenir que quelques formes, une évolution qui a son équivalent dans la vaisselle. Là triomphent le décor de semis ou « jetée » de petites fleurs, les compositions naturalistes, flore et faune, inspirées des recueils de Buffon, les scènes coloriées en miniature, natures mortes, paysages, tableaux de genre, et jusqu'aux « services arabesques » (service de la reine, à seaux crénelés en forme de sarcophage, exécuté d'après l'architecte Le Masson). L'acquisition en 1786 de la collection de vases « étrusques » de Denon coïncide avec un tournant stylistique, marqué par les débuts de la collaboration de Thomire et de Jean-Jacques Lagrenée avec les ateliers (service pompéien de la laiterie de Rambouillet). Tasses en forme de cratères, vases aux formes étirées et fuselées, imitations de cassolettes (cassolette à festons, Londres, Wallace Collection) et bandeaux peints ou sculptés garnis de scènes à l'antique marquent l'ultime évolution du style gagné par une imitation plus scrupuleuse et déjà plus servile du monde grécoromain.

LA FERRONNERIE

Sous Louis XVI, la ferronnerie se caractérise essentiellement par l'abandon progressif des larges motifs en tôle repoussée pour l'emploi d'éléments moulés, souvent retouchés au ciseau. Cette technique n'enlève d'ailleurs rien à la variété des styles, depuis les factures raides et monumentales (Paris, grilles du palais de Justice par Bigonnet d'après Desmaisons) jusqu'aux ciselures les plus fines (château de Compiègne, escalier d'honneur). D'une manière générale, le raidissement des formes va de pair avec l'adoption du vocabulaire antiquisant, rinceaux, frises de postes et de grecques, rosaces, mâles trophées (Montpellier, grille nord de la promenade du Peyrou par Bonguer d'après Giral), et un retour aux ornements ajourés tels que les médaillons (cathédrale de Bordeaux par Charlot).

La technique du moulage gagne également les rampes d'escalier, lesquelles rompent peu à peu avec le type monumental : celui des modèles de l'École militaire ou du château de Compiègne. Les unes et les autres reçoivent cependant des motifs uniformes : des enroulements en S, le plus souvent en « chien courant », ou des entrelacs de cercles, parfois réunis par des couronnes de chêne, parfois en ovales étirés et entrelacés. Au vase traditionnel se substitue, comme départ de rampe, la pomme de pin. Des boutons circulaires remplacent enfin les poignées des serrures dont le plat de palastre s'orne de rinceaux, de rosaces en guise de couvercle pour le trou de serrure, et, en bordure, de rangs de perles et de rai-de-cœur.

*Paris, grille
du palais de Justice.
Photo Flammarion.*

TABLE DES MATIÈRES

Iconographie : Gisèle Namur.
Dessins : Claudine Caruette.

Achevé d'imprimer en décembre 1989,
sur les presses de l'Imprimerie de l'Indre, à Argenton-sur-Creuse.
N° d'éditeur : 0146 - Dépôt légal : 2ᵉ trimestre 1982 - N° d'imprimeur 12863